LAS MUJERES (NO) SON TONTAS
(un libro para hombres)

LAS MUJERES (NO) SON TONTAS
(un libro para hombres)

Juan Selles

Título original: Las mujeres (no) son tontas
Primera edición, 2017
Segunda edición, 2018

© Juan Selles Metre

Diseño y realización: José Arribas

Este libro no podrá ser reproducido, ni total
ni parcialmente, sin el previo permiso por
escrito del autor.

A Carmen, mi hermana,
con la esperanza de no ofenderla demasiado

Prólogo a la segunda edición

El título de este libro es bien explícito, el subtítulo también. Sin embargo la primera edición ha tenido más lectoras que lectores. Podría parecer sorprendente, pero no lo es si tenemos en cuenta que la mujer es más curiosa que el hombre (que leen más es algo de sobra conocido). No sé si alegrarme o no de este hecho, pero lo que espero y deseo es que esta segunda edición tenga más lectores, principales destinatarios de lo que aquí se expone, que lectoras. Aunque sólo sea porque la mayoría de las mujeres con inquietudes intelectuales ya se han aproximado a este breve texto, puedo aventurar que en esta reedición serán más hombres los que lean este ensayo para que se adentren en el corazón y en la forma de ver la vida de quien comparte con ellos el planeta aunque parezcan vivir en diferente galaxia.

En cualquier caso, quiero agradecer a los escasos lectores de la primera edición su amabilidad por haber realizado la mejor publicidad que de un libro puede hacerse: el boca a boca.

Para ti, desconocido lector, un agradecido y cariñoso saludo.

Para ti, desconocida lectora, gracias por compartirlo.

Introducción

A semejanza de cómo Euclides construyó la geometría, así se ha construido lo que en este libro se expone. Se hacen afirmaciones sobre las mujeres que después se tratan de justificar, probablemente si éxito, haciendo referencia a los postulados y las ideas comunes en la que se sustenta la prueba. Si los postulados y las ideas comunes son correctos, las conclusiones también deberían de serlo. Pero estamos hablando de humanos, y no es fácil sacar conclusiones válidas. Por eso, además de los cinco postulados y las dos ideas comunes, hay también tres axiomas que son esenciales para que no se lleve a la hoguera al autor de este panfleto.

AXIOMAS

1.- La vida no puede ser entendida sin humor.

2.- Nadie puede conocer la verdad última de la vida, suponiendo que exista.

3.- Ante cualquier desacuerdo con los postulados o ideas comunes, aplíquese el axioma 1.

POSTULADOS

1.- Hombres y mujeres son diferentes.

2.- Hay mujeres que se creen el centro del universo.

3.- Toda mujer sabe lo que vale.

4.- La mayoría de las mujeres consideran a las demás como rivales.

5.- Los hombres son unos simples.

IDEAS COMUNES

1.- La mujer es pasiva.

2.- La mujer no siempre que dice sí quiere decir sí.

Índice

1.- EL MUNDO

Las ciudades

¿Qué les gusta hacer a las mujeres? Muchas cosas, claro, como a los hombres. De las que más: ir de compras. ¿Cómo es el mundo en el que vivimos?: capitalista. ¿Cuál es su esencia?: consumir. Cada ciudad es prueba de que el mundo se construye a su gusto. Las mujeres (no) son tontas. (Postulado 1.)

Consumir

Les gusta, ¿cuál es el problema? Las cosas se hacen para ser consumidas. Se critica mucho el consumo, pero es por envidia de no poder hacerlo. Les gustan los zapatos y los bolsos, si no entiendes el porqué, tranquilo, lo entenderás cuando acabes de leer este libro.

(Postulado 1.)

Seguridad

Toda mujer necesita protección, para ella y para sus descendientes. No te sorprenda por lo tanto que busquen el macho alfa de la manda. El que más dinero o poder tiene. Olvídate del amor, lo que buscan es seguridad. (Postulados 1 y 4. Idea común 1.)

La realidad

Por mucho que en su fantasía una mujer se sobrevalore y piense que el actor más guapo del mundo sería más feliz con ella que con nadie, sabe en todo momento medir sus posibilidades. Ningún problema si ha de elegir como pareja al penúltimo

mono del barrio. Lo importante es no caer en la soledad.
(Postulado 3.)

Lenguaje y emociones

Tienen la capacidad de expresarse de manera sumamente elocuente y exteriorizar sus emociones sin dificultad.

En el mundo femenino las palabras y los hechos están por detrás de las emociones. Cuando dicen que te odian, o que no quieren salir a cenar, es sólo el reflejo de un sentimiento, no la conclusión de un razonamiento. Para nosotros las cosas significan lo que se dice; las mujeres sin embargo dicen lo que sienten. Lo que una mujer dice es verdad, pero sólo en el preciso momento en el que lo dice, no tiene por qué serlo cinco minutos después.

La regla básica es: no creas el contenido literal de lo que dicen, a no ser que el amor esté fluyendo profunda y plenamente en el momento en que lo digan. Y aun así, ten presente que probablemente sólo estén hablando de los sentimientos actuales.
(Postulado 1. Idea común 2.)

No generalizar

Si hablando con una mujer dices que las mujeres cuidan mucho su imagen, o poco, es lo mismo, enseguida te contestará: yo no. Si insistes en que te refieres a la mujer en general, no a ella en particular, te replicaremos de nuevo: yo no. No insistas. Para una mujer no existen "las mujeres", existe la mujer, existe ella. Un hombre ante la afirmación de que todos somos unos cerdos no se inquieta y lo acepta,

aunque él en particular sea limpio y educado. Entiende que es una generalización y que tiene excepciones. Las mujeres no entienden de generalizaciones.
(Postulados 1 y 2.)

Global o local

Los hombres pensamos de manera lineal. Por eso tenemos dificultad para integrar conocimientos e información dispersa. En cambio las mujeres tienen una concepción más global. Cuentan con la capacidad de pensar de forma holística en los diversos aspectos de un asunto.
(Postulados 1 y 5.)

Competitividad

Desde niños los hombres preferimos los juegos de competición mientras que las niñas prefieren los cooperativos. Esta cualidad conciliadora hace que prefieran evitar el conflicto. Los hombres peleamos y luchamos en todos los ámbitos de la vida. Está en nuestra naturaleza. Por eso suele haber tantos hombres ocupando puestos directivos en empresas. Sobresalimos en los deportes, en la política, e incluso en tareas tradicionalmente realizadas por las mujeres: cocineros, peluqueros, modistos,... A pesar de que ellas se han dedicado a lo largo de los siglos a esas tareas, siempre los mejores suelen ser hombres. Es nuestro espíritu competitivo.

(Postulado 1. Idea común 1.)

Hombres guapos

¿Por qué no me miran?, se pregunta el chico guapo (salvo que sea muy guapo o famoso, que entonces sí que le miran). Te lo podría explicar largo y tendido, pero basta con recurrir a la esencia de su naturaleza.
(Postulados 2 y 5.)

Asuntos de la vida

Es importante lo que para ellas es importante. Para ti puede parecer algo irrelevante que la vecina no le haya saludado esta mañana, pero si para ella ese desprecio es motivo para desencadenar una tercera guerra mundial, vete preparando los misiles. No trates de restar importancia al problema, y menos aún de justificar a la vecina.
(Postulados 1, 2, 4 y 5.)

La envidia

Es una característica muy femenina que nunca va a reconocer, pero que nosotros tenemos que conocer. Jamás la compares con otra mujer, y menos aún para infravalorarla. Sí, claro que sabe que no lo haces con maldad, pero no lo hagas. Jamás aceptará una crítica que le deje mal por más que vaya por la calle mirando a otras para ver sus defectos y envidiar sus virtudes. ¿Es entonces una envidiosa? No, no insistas. Las demás pueden serlo, pero ella no.
(Postulados 2, 4 y 5.)

Sobre las demás

Aunque sé que ya lo sabes, me tomo la libertad de recodártelo: cuando una mujer dice de otra que es muy agradable, quiere decir que es fea.

Cuando una mujer habla bien de otra es porque no supone competencia para ella, no es, físicamente hablando, rival para ella.
(Postulados 3 y 4.)

Críticas

Olvídate de las críticas, ni de las constructivas ni de las destructivas. Nunca te lo van a agradecer. Menos aún si tu pareja es la típica mujer que insiste en que ella en sus relaciones no soporta la mentira. En este caso jamás se te ocurra decirle tu verdad si en ella hay la más mínima crítica, por más constructiva que te pueda parecer.
(Postulados 1 y 2.)

El dinero

No les interesa el dinero, les interesa el amor, dicen. Eso puede ser cierto en la pubertad, pero no lo es una vez que se les pasa la edad del pavo. A partir de ese momento, lo que les interesa es la seguridad, la emocional y la económica, y no necesariamente en ese orden.
(Postulados 3 y 5. Ideas comunes 1 y 2.)

Bodas

Habría que distinguir claramente entre si son de nuestra parte o de la suya. Aunque puede dar igual, siempre y cuando tengamos claro que el centro de atención ha de ser ella, no la novia (salvo que lo sea ella). Y ojo al siguiente dato: no te metas con nadie de su familia sin haber sido

autorizado. Aunque veas que lo haga
ella, tú no puedes hacerlo salvo que
tengas su consentimiento expreso.
Pregunta antes de criticar a alguien de
su familia, o mejor aún: cállate.
(Postulado 1.)

Familia política

Su familia es sagrada, salvo que ella
diga lo contrario. Como con su madre
no se está con nadie, así que vete
despidiendo de tu familia. Nos lo
podemos tomar a mal, pero en realidad
nos están haciendo un favor, creedme.
Nuestra familia cuanto más lejos
mejor para nosotros y, desde luego,
para nuestra familia.
(Postulados 1, 2 y 5.)

Herencias

Si no os convence el apartado anterior, esperad al reparto de la herencia de vuestros padres. ¿Veis como era mejor estar lo más alejado posible de vuestras cuñadas y cuñados, de vuestras hermanas y hermanos? Podemos decir que lo mismo aplica para el caso de la familia de ella, pero no es así. Acabo de decir que su familia es sagrada, no insistas en el tema.

(Postulados 1 y 5.)

2.- LOS HOMBRES

Emoción frente a Razón

Las mujeres se rigen por las emociones. Son ellas quienes les dictan qué hacer ante determinadas situaciones. No necesitan analizar de manera racional antes de actuar. No necesitan vivir en un mundo gobernado por la razón. El cerebro masculino rechaza esa clase de pensamiento porque le parece poco reflexivo. Nosotros sospechamos de las decisiones intuitivas, necesitamos una explicación y análisis lógico para comprender. Está por verse quién está en lo correcto, si ellas o nosotros, pero lo que es indudable es que la emoción siempre termina por ganar a la razón.

Las mujeres a menudo se rigen por un sexto sentido que sólo ellas

tienen. No resuelven los problemas analizándolos. No les pidas explicaciones, no las hay.
(Postulados 1 y 5.)

Corto plazo frente a largo plazo

Las mujeres cuentan con una sensibilidad especial que les permite ver más allá. Por eso son buenas haciendo planes a largo plazo. En cambio los hombres avanzamos paso a paso, por eso somos buenos en el aquí y ahora. A cambio de eso somos menos imaginativos para mirar el futuro.
(Postulados 1 y 5.)

Multitarea y monotarea

Los hombres hacemos una sola cosa a la vez. Las mujeres pueden ocuparse de varias tareas a la vez. Esto es una obviedad, pero conviene recordarla.

A los hombres nos cuesta abandonar una tarea porque necesitamos resultados inmediatos. A las mujeres les cuesta ocuparse de una sola cosa a la vez.
(Postulados 1, 3 y 5.)

Mente en blanco

Nuestra capacidad de estar sin pensar nos permite hacer actividades zombis como es pasar horas pescando o hacer zapping con el mando a distancia de la televisión sin prestar atención a ningún programa. Las mujeres no tienen esa facultad, su mente no se detiene nunca, tenedlo en cuenta.
(Postulados 1 y 5.)

Sobre nosotros

Los hombres somos el tema que más les interesa. Con diferencia. Hay mujeres a las que no, cierto, las menos. Y las que lo negarán, las más. Para ambas aplica la regla ya descrita en el apartado *No generalizar*. Pero también es cierto que llega un momento en su vida en que pasamos a un segundo plano. Aunque eso no ocurre ni pronto ni porque lo quieran. Pueden llegar a aceptar que somos lo más importante, pero sólo a cambio de que nosotros aceptemos que para nosotros lo único importante es el sexo. Dejémoslo ahí. Respeto por respeto. *Do ut des*. (Para el común de los hombres, dada nuestra incultura: "quid pro quo".)
(Postulado 1.)

El cuidado de nuestro cuerpo

La rutina marchita las relaciones. Pero más lo hace el aumento de la barriga. Te crees muy gracioso con tu tripa cervecera, pero a ellas no les hace ni pizca de gracia. Así como ellas son conscientes de que el aumento de las caderas acaba con la convivencia, toma nota para tus lorzas y trata de que no se salgan de sus límites, generosos límites.
(Postulados 3 y 4.)

Chantaje emocional

Así es como llamamos a sus lágrimas. Y algo de verdad hay en ello, pero cuando una mujer llora es porque se siente lo peor de lo peor, no está fingiendo, al menos las mayoría de las veces. ¿Quién ha provocado sus lágrimas? Tú. ¿Y qué esperabas? ¿Un premio? Pues eso, ahora toca aguantar. (Postulados 1 y 2. Idea común 1.)

Hablar

Habla, no te cortes. No escatimes en hablar, es lo más importante. Sobre todo, y al principio no hables de cosas profundas, ni difíciles, excepto que compruebes que la mujer que te escucha es una intelectual sin remedio. No hables de ti, o hazlo con mucha moderación y sentido del humor. (Idea común 1.)

No hay afecto sin palabras

A las mujeres les gustan las palabras, por eso necesitan escuchar que tenemos interés en ellas. A nosotros no os hacen falta esas palabras, damos por sentado el cariño o el interés, pero

no es su caso. A ellas les gusta oírlo.
Habla. Alábalas.
(Postulados 1 y 2. Idea común 1.)

Memoria

Una mujer nunca olvida, no es como el hombre, al que todo le resbala. Las mujeres, gracias a su capacidad para conectar con sus emociones, hacen que cada asunto de su vida esté íntimamente relacionado con una pasión. Eso les permite plasmarlo en la memoria y recordarlo para siempre a su manera. Por eso a las mujeres les decepciona el olvido de momentos importantes que ellas recuerdan a la perfección. En los tiempos que corren hay decenas de sistemas que, de manera automática, te avisan de lo que les programes. Úsalos, son gratis, y deja de olvidarte de lo importante… al menos para ellas.

(Postulados 1 y 2.)

Comunicación

A los hombres nos cuesta hablar de las cosas que nos pasan en la vida; somos más introspectivos, no compartimos fácilmente los problemas, ni podemos expresar ciertas emociones. Por el contrario, las mujeres encuentran consuelo a sus problemas en el simple hecho de poder compartir sus angustias, sin necesidad de que se les ofrezca un remedio inmediato (algo que los hombres solemos intentar hacer, logrando con ello un mayor rechazo). No os sintáis abrumados por el problema, basta con que prestéis atención y escuchéis, sólo eso. Por supuesto que quieren una solución, pero antes quieren ser escuchadas. (Postulados 1 y 2.)

Y sin embargo...

Hablan de manera más prudente que nosotros y evitan afirmaciones concluyentes. Convierten las afirmaciones en preguntas. Y no lo hacen por falta de seguridad, lo hacen por humildad o por miedo al ridículo. (Postulados 1 y 5. Idea común 1.)

El movimiento

Desde crio los hombres somos acción constante. Nos movemos sin parar, necesitamos correr, golpear cosas, destruir. Nos gusta demostrar nuestra fuerza. Las niñas, en cambio, pueden jugar más tiempo solas, en tranquilidad, son capaces de sostener

la mirada por más tiempo cuando se las habla y aprenden más rápidamente las reglas.
(Postulado 1. Idea común 1.)

Capacidad de escucha

Cuando una mujer escucha presta atención y conecta con la otra persona y sus emociones. Los hombres sólo podemos escuchar o hablar. Ellas conversan de varios temas cambiando el foco con rapidez, lo que para nosotros resulta sumamente confuso. Las mujeres han desarrollado tal capacidad de escucha que no sólo oyen y comprenden mejor su interlocutor, también distinguen sonidos y pueden diferenciar distintas tonalidades en la voz para interpretar emociones.
(Postulado 1.)

Preocupación

Las mujeres se preocupan más por todo, es un hecho. Se dedican a organizar su vida, la de los demás y la tuya. Sí, acéptalo cuanto antes. Si no quieres que te organicen tu vida, sal de la suya cuanto antes, y no dejes la puerta abierta porque entonces seguirás estando bajo su control. (Postulado 2.)

Problemas

El malestar emocional, tanto propio como ajeno, es algo que nos incomoda y no nos deja estar bien. En esa incomodidad radica la facilidad que tenemos para buscar rápidamente soluciones a los problemas que nos aquejan. Gozamos solucionando inconvenientes, las mujeres pueden vivir tranquilamente en tensión. Se

dice, y estoy de acuerdo con ello, que el hombre está bien si no está mal, mientras que la mujer está mal si no está bien.
(Postulados 1 y 5.)

Caos mejor que lógica

Las mujeres parecen caóticas desde nuestra perspectiva. Pero no lo son. No seguir un plan lógico es su arma para que estemos siempre en tensión, de qué no nos durmamos en los laureles. Aunque nos moleste tanto este vivir sin saber a qué atenernos, esa es su manera de controlar la vida, nuestra vida, para ser preciso.
(Postulados 1, 2 y 4. Idea común 2.)

Discutir

¿Por qué no me dices exactamente lo que quieres en lugar de decir otra cosa esperando que yo entienda lo que quieres? Esa es la típica queja del hombre que no entiende que las mujeres son la encarnación de la divinidad femenina. Quizás ni ellas lo sepan.

(Postulados 1, 2, y 5. Idea común 2.)

Examen continúo

Siempre nos están poniendo a prueba. Cuando logres un éxito, por grande que sea, no les pidas que te admiren por ello, que valoren tu "gran" mérito. Ni que valoren lo que hiciste en el pasado. Una palabra equivocada en medio de una sesión de tres horas haciendo el amor, que por lo demás fueron perfectas, puede llevarlas a un estado similar al que se hubiese producido después de tres horas cometiendo errores.

La trayectoria de un hombre no significa nada para una mujer. Podrías haber sido perfecto durante veinte años, pero si has sido un idiota durante un minuto para ellas es como si lo hubiese sido siempre. El comportamiento que hayas tenido en el pasado es irrelevante para los sentimientos de una mujer en el momento presente.

Así de claro, lo pasado pasado está, la prueba empieza de nuevo a cada instante. ¿Y en qué consiste? En que les demuestres que tu felicidad no depende de su alabanza, que eres feliz por ti mismo.

Y aquí una sorpresa. Aunque quieren que seamos lo más importante en su vida, realmente confían más, y nos aman más, si no lo somos. Quieren que estemos totalmente dedicados a nuestro proyecto vital a la vez que las

amamos totalmente. No lo admitirán nunca, pero créelo, lo que quieren es que su hombre esté dispuesto a sacrificar su relación por el bien de su propósito más elevado.
(Postulado 1. Idea común 2.)

Proyecto vital

Por eso nos ponen a prueba. Prueba que no acaba nunca. Lo hacen por placer, quieren sentir nuestra fuerza amorosa, saber que aún las amamos cuando nos están infravalorando, fastidiando y, especialmente, cuando se están quejando, con o sin motivo. Quejarse es para ellas el principio del placer. En realidad no quieren criticaros, es sólo comprobar que eres un hombre hecho y derecho, no un niñito que necesita la aprobación de su mamita para sentirse feliz. La crítica desaparecerá en cuanto noten que nuestro humor y felicidad resiste su tocadura de pelotas.

Nos ponen a prueba de continuo porque nos aman, o eso es lo que dicen. Lo hacen para saber que en el fondo no las necesitamos, que somos libres y autónomos, o eso es lo que dicen. Aunque pueda parecer que quieren ser el centro de nuestro mundo, no es así, o eso es lo que dicen. Lo que quieren es que sepamos cuál es el centro de nuestra vida, o eso es lo que dicen. Si descubren que te has convertido en el centro de su vida, estás perdido, o eso es lo que dicen. No soportan a los fracasados ni a los tristes, o eso es lo que dicen. Sólo las mujeres débiles soportan a hombres débiles, eso es lo que digo.
(Postulado 1. Idea común 2.)

3.- RELACIONES DE PAREJA

El amor

Así como el sexo se encuentra en el nivel más alto de interés para el hombre; para la mujer es el plano amoroso el que se encuentra en el escalón superior. Dan más importancia a la unión profunda de emociones y sentimientos que a la unión corporal. Una mujer disfruta más del sexo si hay amor. La razón es que si hay amor hay confianza, y eso les permite explorar y explotar más su sexualidad. Para ella, cuando se pierde la confianza se pierde el amor.

(Postulado 2. Idea común 2.)

Celos

Aunque yo no soy celosa, te dirá la mujer con la que compartas tu vida, no te líes, es celosa, y como se sienta amenazada por otra mujer puede arder Troya. Vigila para que por tu comportamiento no les haga sentirse menospreciadas o en segundo plano. (Postulado 2 y 3. Idea común 2.)

La sinceridad

Cuando tu pareja te pide que le digas la verdad no espera que lo hagas. Lo que quiere es que le digas lo que quiere oír. El problema está en que no tenemos ni idea de lo que quieren oír, ni quizás ellas. Pero si te empeñas en decirle tu verdad, hazlo al menos con delicadeza. No seas grosero, si no sabes qué decir, mejor cállate. Si no entiendes eso es que confundes la

verdad con la Verdad. Error típico de hombre. La vida es como cada uno dice que es, no como es; muy complicada y personal, dicho sea de paso.
(Postulados 1. Idea común 2.)

Más sobre la sinceridad

No digas obviedades, las pillan al vuelo. Saben que nos gusta la lolita del piso de arriba y que te masturbas como un mono cada dos por tres viendo pornografía por internet,… pero disimula. Y, por favor, ni bajo tortura reconozcas que te pone tu vecinita, su hermana o su mejor amiga.
(Postulados 2, 3 y 4)

Elogios

Las mujeres se nutren de apoyos y elogios. Es mejor que digas: "me encanta la forma de tu cuerpo", mientras piensas: "espero que no engorde más", a que digas una grosería. La alabanza es su alimento. Si deseas ver cómo mejora su salud, su belleza, su generosidad,... destaca esas cualidades. Elógialas unas cuantas veces a diario. La alabanza funciona, la información no. Alabarlas, sí; desafiarlas, no. Inténtalo. Alaba cosas específicas de tu pareja varias veces al día y averigua lo que sucede. (Postulados 1 y 2.)

Las discusiones

Una mujer nunca pierde una discusión. Si ve que está acorralada empezará a hablar del asunto cambiando la temporalidad. Si el hecho ha ocurrido en el pasado hablará de que ahora no ocurre. Si acaba de ocurrir dirá que

hace años no pasó… Jugará con el tiempo hasta que la conversación se destruya y el hombre esté hablando de un asunto y ella de otro. Dalo por perdido, no insistas.
(Postulados 1 y 5.)

Digo y Diego

El significado de las palabras puede variar de día a día. Cuando te dice: "abriga al niño", tienes que ponerle gorro, guantes y bufanda porque como el niño enferme te vas a enterar. Al día siguiente, con la misma temperatura, "abriga al niño" puede significar ponerle sólo la bufanda. Si le pones los guantes y el gorro, te dirá: "¿qué quieres, que el niño coja el sarampión?".
(Idea común 2.)

Enfados

Que la mujer se enfada con facilidad con su pareja es algo que incluso ellas están dispuestas a aceptar. La razón es obvia y comprensible, es con quien comparten su vida. Así que no nos queda otra que tomarlo con filosofía, es decir, aguantarlo estoicamente.

Uno de los regalos más grandes que puedes hacer a una mujer es abrir tu corazón cuando el suyo está cerrado. Su naturaleza les obliga a ese ciclo de apertura y cierre de sus estados de ánimo. Ciclo que, como todos los ciclos en la naturaleza, nunca termina. Cuanto antes aprendas a abrazar y jugar con ellos antes superaras el psicodrama y veras el humor que hay en ello. (Postulado 1 y 2.)

Consejos

Cuando te piden opinión y contestas: "lo que tú quieras hacer me parece bien", se enfadan. ¿Por qué? Porque eso es lo que diría un amigo, no es lo que esperan de su pareja. Para que ellas puedan asumir su papel, tú has de asumir el tuyo. Ofrece tu punto de vista, incluso en las cuestiones más triviales. Nunca les digas: "haz lo que quieras. "

Ayúdales a tomar la decisión mostrando tu punto de vista y las opciones que ves, pero mientras lo haces hazle saber que la amas, independientemente de la decisión que tome.

Si no te siente con fuerza para ello, cuando una mujer te pida un consejo haz que tu móvil suene e invéntate una llamada urgente. Todo con el fin de salir huyendo. Tanto si te callas como si le das la razón, aunque no pienses así, te montará un lío porque ella sabrá que no te quieres involucrar.

(Postulado 1. Idea común 1.)

Sentido del humor

Si no se divierte contigo dala por perdida. No quiere un saltimbanqui, pero si alguien con inteligencia suficiente para hacerle sonreír. El humor es un buen afrodisíaco. Ríete de ti mismo.

(Postulado 2. Idea común 1.)

Los hijos

Son suyos, no nuestros. Que tú seas el padre, lo cual es probable, pero no cien por cien seguro, no te da ningún derecho sobre ellos, sí obligaciones.

Los hijos salen de sus entrañas y de un esperma nuestro que mide 0,055 milímetros. ¿Qué quieres por lo que has puesto?
(Postulados 1 y 2.)

Problemas de salud

Se podría decir que, así como en cada hombre hay un entrenador de fútbol, en cada mujer hay una doctora en medicina. Por eso, si os duele algo es mejor que os calléis, porque como se lo digas no le quedará otra alternativa que hacer el diagnóstico. Como no lo aceptaras te mandarán al médico. Y como no querrás ir se enfadará. Y no le quedará otra que ponerse en modo cansino hasta que vayas. Así que elige una de las tres opciones que te ofrece: acepta su diagnóstico y el tratamiento,

vete al médico o cállate. Te aconsejo
que empieces por la última.
(Postulado 1 y 2.)

4.- LA SEXUALIDAD

Vistas las muchas y muy importantes diferencias entre hombres y mujeres, la cuestión es: ¿por qué entonces necesitamos relacionarnos los unos con los otros? La respuesta es sencilla: por el sexo. Si las mujeres y los hombres fuésemos asexuados (como cuando somos niños, antes de la pubertad) no nos relacionaríamos. Cada uno seguiría su camino sin más interés en el otro que el que podemos sentir por otras especies. Pero el sexo es determinante. Es el motor de la procreación y la ésta la esencia de la vida. Por eso el instinto sexual es tan ciego, en especial en los hombres, y tan poderoso. Quien no se ve tentado por él no procreará, y quien no procrea se extingue. Si estamos aquí es porque nuestros antepasados han antepuesto el sexo a todo. Incluso a las necesidades básicas (en los lugares del mundo en los que, desgraciadamente, no tienen ni para comer, siguen, a pesar de ello, trayendo hijos al mundo). A continuación os informo de lo que tenéis que saber para lograr relaciones sexuales exitosas con las mujeres. (Imagino que más de un lector se ha saltado los tres primeros capítulos. Bueno. Somos hombres y no entendemos, pero, cuando termines este capítulo, lee los anteriores, haz el favor.)

¿Cuándo están dispuestas?

Las mujeres sólo mantiene relaciones sexuales por tres razones: amor, venganza o dinero. Si no se cumple ninguna de las tres condiciones no tienen necesidad de estar con nosotros. Una mujer ya ha visto cumplido su deseo cuando observa que un hombre la ha desnudado con la mirada. (Postulados 1, 2, 3 y 4.)

Comunícate

La comunicación es la mejor parte del arte del amor. Pregúntale qué quiere, cómo se siente. Comenzar una conversación sobre sexo puede ser un excelente juego previo que puede ir desde compartir fantasías a dar indicaciones específicas sobre qué hacer para disfrutar más. Pero tampoco te pases, si te toma más de diez minutos abrirle al amor es probable que estés hablando demasiado y actuando poco. Espera de ti que sepas lo que quieres y lo que hay que hacer

para llegar allí. Que seas una persona segura, eso es lo que espera.
(Idea común 1.)

Oler a limpio

Pocos olores naturales son atractivos. Y nadie quiere estar con alguien que apeste. Mantener una buena higiene es esencial. Sólo quieren estar cerca de ti si estás perfumado.
(Postulados 1 y 5.)

El poder del sexo

Toda mujer conoce la dependencia que el hombre tiene del sexo y se aprovecha de ello. Los hombres estamos drogados por la testosterona, y a un drogadicto es fácil dominarlo. A ellas también les gusta el sexo, pero sólo lo admitirán entre amigas.
(Postulado 5.)

Sexo

Los hombres tenemos mayor libido. Es por esta razón que durante la adolescencia no paramos de pensar en otra cosa que no sea en sexo. Mientras que ellas están más atentas a las emociones y a comunicarse.

Para nosotros las relaciones íntimas son la prioridad, pero no lo son para ellas. Por eso sólo disfrutan del sexo si notan que el amor está fluyendo.
(Postulados 1 y 5.)

Más sobre sexo

Pero no os lieis con el romanticismo. Aunque a las mujeres lo que les gusta es el amor, también les gusta, tanto o más que a nosotros, el sexo: el rápido, el lento, el blando, el duro…

Su oscuro deseo de ser obligadas a rendirse es tan fuerte como lo es el nuestro de penetrar a una mujer que se resiste. La diferencia entre violación y rapto es el amor. ¿Lo pillas?

Así que para disfrutar del sexo de verdad, hay que estar más atento a lo que percibe tu pareja que a lo que sientes tú mismo. Nota sus movimientos, su energía interna y sus gemidos.

(Postulados 1 y 5.)

Focalízate

Hay más zonas erógenas de las que crees. Es normal que los hombres nos dirijamos a las zonas erógenas más obvias, pero debemos de saber que existen otras partes del cuerpo que también responden, y quizás con mucho más ímpetu, a los mismos estímulos. Pregunta, investiga, imagina… todo vale, siempre y cuando te lo permita la mujer con la que estás.

(Postulado 1 y 3. Idea común 1.)

Dedícanos tiempo

La espontaneidad es esencial para una vida sexual plena, pero también los planes. Separar un momento de tu apretada agenda para tener varias horas de exploración sin distracciones puede dar como resultado sexo de primera calidad, además de una oportunidad para aumentar el nivel de intimidad. No es necesario que lo anotes en un calendario, es suficiente con que le hagas saber a tu pareja que quieres pasar tiempo con ella.

(Postulado 1 y 5. Idea común 1.)

Sé bueno con lo básico

No inventes. Antes de probar posiciones, escenarios y experiencias nuevas, haz un autoanálisis para darte cuenta de si ya manejas lo básico. No des por sentado que dominas lo habitual. Haz tu tarea, habla con tus amigos y fíjate qué ha funcionado con otros, y luego pruébalo con tu chica. También puedes hablar directamente con ella. Pierde la vergüenza. (Postulados 1 y 5. Idea común 1 y 2.)

La hora del revolcón

¿Quieres una relación duradera, con sexo del bueno y para nada aburrido? Pues comienza a hablar durante el acto. Una de las cosas que más gustan a las mujeres es que les hablen sucio. Son princesas, pero en la calle, no en la cama Así que saca el obrero que hay en ti, que lo hay y muy bien cualificado, y di todas aquellas cosas que crees que no se pueden decir a una mujer.

(Postulado 1. Idea común 1 y 2.)

Sin prisa

Un buen amante sabe la diferencia entre proponer nuevas cosas y presionar a su pareja para hacer algo que no le gusta. Llevar un poco más allá los límites del otro puede ser un acto positivo (puede ayudar a desinhibirse), pero debes reconocer cuándo no significa no… y cuando sí significa no. Intentar forzar a una mujer a hacer algo que no quiere es un acto que no haría un verdadero hombre. Si lo haces con tacto comprobarás, por ejemplo, que es

falso que a las mujeres no les guste el sexo oral. Les gusta, pero a su manera. Por eso procura no tener prisa, pídelo con educación y ofrece lo mismo, antes o después, pero ofrécelo. No dudes de que al final lo hará. Obviamente, olvídate de insinuaciones explícitas porque no hacen más que sacarlas del clima.
(Postulado 1. Idea común 1 y 2.)

Y al final se logra

Si quieres tener sexo no hace falta que le digas que quieres casarte con ella (aunque ayuda). Pero es esencial que las hagas sentir especial. No creas que las engañamos con ellos. Saben que no es así, pero las gusta dejarse engañar. Aprovéchalo
(Postulados 1, 2, 3, 4 y 5. Ideas comunes 1 y 2.)

5.- VIDA ÍNTIMA

Acerca de ellas

Así como los chicos adolescentes, en la pubertad, debido a los cambios hormonales que se están produciendo en sus cuerpos, se comportan de manera imprevisible, también las mujeres son un misterio incluso para ellas mismas. Saben lo que quieren pero no saben por qué lo quieren, ni porqué han dejado de quererlo. La razón es que, a semejanza de los púberes, sufren cambios hormonales, pero a diferencia de ellos, ellas los sufren prácticamente durante toda su vida. Como el mar, el estado natural de lo femenino es fluir con fuerza y en muchas direcciones. No lo olvides. (Postulado 1. Idea común 2.)

La regla

No es agradable el malestar que causa la menstruación. Y cuando una persona está mal no soporta que las demás estén bien. Aléjate, o quédate, total dará igual. Si te alejas, te echará la bronca por no ayudarle a pasar el mal momento; si te quedas, bronca porque estás insoportable (y lo estás porque a sus ojos, en estos días, no te soporta).
(Postulado 1. Idea común 2.)

La menopausia

Ni lo entendemos ni lo vamos a entender nunca. Así que dejémoslas vivir. Comprender su mal humor y sus celos durante esos años es todo lo que podemos hacer. O si no lo comprendemos basta con que lo aguantemos. Cuando se haya pasado

ya podremos hablar, mientras tanto tragar saliva y callar. Como ya estamos acostumbrados, pues nada, todos tan contentos.
(Postulados 1, 3 y 4.)

Sobre la belleza

Las mujeres feas quieren ser guapas (y las guapas quieren ser listas, aunque jamás lo admitan). No le digas jamás a una mujer que está fea. Si tienes algo que decir sobre su belleza, su cuerpo o su ropa, que sea agradable, si no es así, cállate o atente a las consecuencias.
(Postulado 2.)

Más sobre la belleza

No hay mujer fea. Qué no, no seas pesado, ninguna lo es. Si te lo parecemos es porque no la has mirado

por el lado bueno, o porque tu gusto está estropeado.
(Postulado 2.)

El cuidado del cuerpo

Suelen ir a la peluquería con frecuencia, usan colonia y cremas, se ponen ropas a la moda que saquen lo mejor de ellas y cuidan en general su apariencia. No protestes si tu pareja dedica mucho tiempo al cuidado de su cuerpo.
(Postulados 3 y 4.)

Deseos

Cuando una mujer desea algo lo consigue. Pueden tener momentos de duda, pero saben cuándo han decidido; y una vez hecho nada les para.
(Postulados 2 y 3.)

Conclusiones

1. Las mujeres (no) son más inteligentes que los hombres.

Es difícil saber si los hombres son más inteligentes o si lo son las mujeres, o si ambos sexos tenemos similar inteligencia (axioma 2). Lo cierto es que si en una reunión con personas de ambos sexos alguien dice que los hombres son más inteligentes, el resto de contertulios se le echarán encima, hombres incluidos, mientras que si alguien dice que las mujeres somos más inteligentes nadie se enfadará, y probablemente se le dará la razón. No hay pruebas concluyentes de si alguno de los dos sexos es más inteligente que el otro, pero se acepta sin rechistar que alguien afirme que lo es el femenino.

Ya lo avisé: las mujeres (no) son tontas.

2. El mundo (no) está hecho a su medida.

Dado que tienen el poder, el poder de las pequeñas cosas, el verdadero poder, el del día a día; el mundo, dentro de sus posibilidades, se ha hecho conforme a su gusto. Acéptalo y adáptate. (Axioma 1.)

3. Si eres un hombre compórtate como tal. Eso es todo.

Posdata

Admito, después de las muchas críticas recibidas a la primera edición, que lo que en este libro se ha descrito sólo aplica, y no siempre, al prototipo de mujer española, urbana, de clase media, nacida en la última mitad del siglo XX y con pareja estable. Mi intención, desde luego, era, y es, que estos consejos sirvan a los hombres para que puedan aplicarlos a cualquier mujer con la que se encuentre. Pero reconozco que, quizás, no puedan aplicarse ni siquiera a las mujeres españolas. Sentiría entonces haber levantado una expectativa que no se ve cumplida. En mi descargo decir que forma parte de la naturaleza humana levantar expectativas que no cumplimos. Mis más sinceras disculpas.

Bibliografía

Para todo aquel lector hombre, mujer, transgénero o no binaria que no esté de acuerdo con el contenido de este libro (imagino que la inmensa mayoría), les aconsejo encarecidamente que refuercen sus ideas leyendo el número monográfico de las revista Investigación y Ciencia de noviembre de 2017 "Sexo, género y ciencia. Una mirada científica sobre la mujer del siglo XXI".

Una última consideración para aquellos que me conocen

Imagino que os habrá sorprendido que haya escrito un libro así. Es normal. Ni es mi estilo, ni quizás sean mis ideas. Entonces, ¿por qué lo he hecho? Ha sido una necesidad imperiosa la que me ha impulsado a hacerlo. Algunos la conocéis y espero que os sirva para comprenderme (no olvidéis que la consecuencia lógica de comprender es perdonar). Los que no la conocéis, por favor, confiad en mí. Os debo una.

NOTA: Este libro ha sido publicado siguiendo el consejo de Timothy Ferriss de que es mejor suplicar perdón que pedir permiso.

1. Masculinity (Psychology)
2. Man-woman relationships.
3. Intimacy (Psychology)
4. Sex.